BEI GRIN MACHT SICH IHR WISSEN BEZAHLT

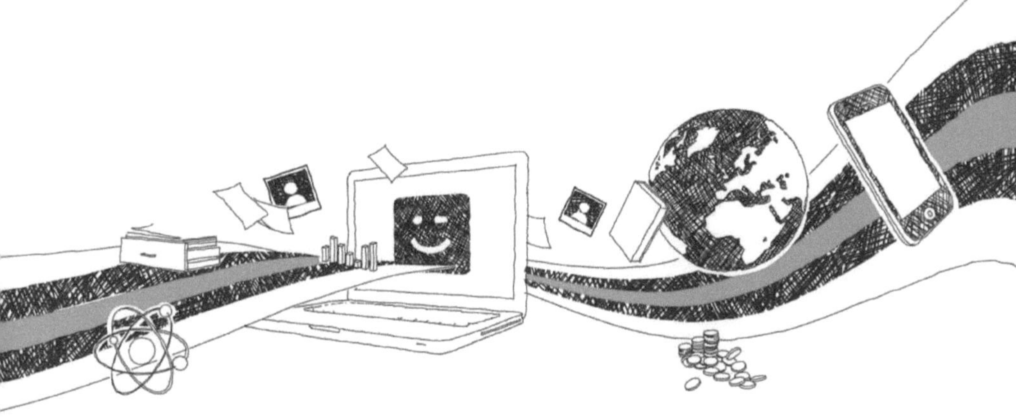

- Wir veröffentlichen Ihre Hausarbeit,
  Bachelor- und Masterarbeit

- Ihr eigenes eBook und Buch -
  weltweit in allen wichtigen Shops

- Verdienen Sie an jedem Verkauf

Jetzt bei www.GRIN.com hochladen
und kostenlos publizieren

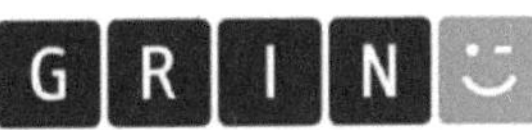

Ernst Probst

Paula Modersohn-Becker - Die Pionierin des Expressionismus

GRIN Verlag

Bibliografische Information der Deutschen Nationalbibliothek:

Die Deutsche Bibliothek verzeichnet diese Publikation in der Deutschen National-
bibliografie; detaillierte bibliografische Daten sind im Internet über http://dnb.d-
nb.de/ abrufbar.

Impressum:

Copyright © 2011 GRIN Verlag, Open Publishing GmbH
Druck und Bindung: Books on Demand GmbH, Norderstedt Germany
ISBN: 978-3-640-88537-4

Dieses Buch bei GRIN:

http://www.grin.com/de/e-book/169897/paula-modersohn-becker-die-pionierin-
des-expressionismus

Ernst Probst

Paula Modersohn-Becker

Die Pionierin
des Expressionismus

Meiner Ehefrau Doris
sowie meinen Kindern Beate, Sonja und Stefan
gewidmet

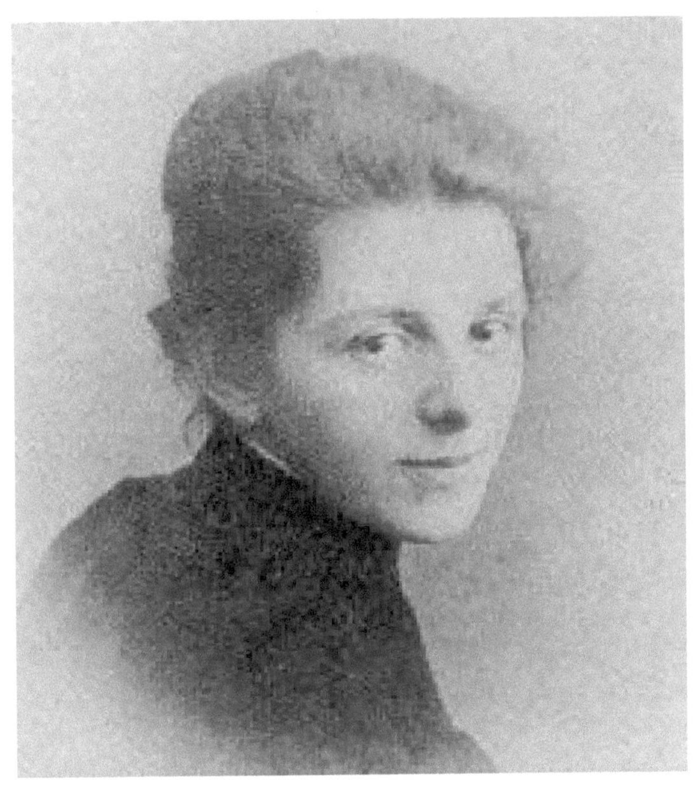

Paula Becker (1876–1907)
im Alter von 19 Jahren auf einem Foto von 1895

Paula Modersohn-Becker

Die Pionierin des Expressionismus

Mit dem Ehrentitel „Pionierin des Expressionismus in Deutschland" ging die Künstlerin Paula Modersohn-Becker (1876–1907), geborene Minna Hermine Paula Becker, in die Geschichte der Malerei ein. Innerhalb von knapp 14 Jahren, in denen sie künstlerisch tätig war, schuf sie 750 Gemälde, etwa 1.000 Zeichnungen und 13 Radierungen, welche die bedeutendsten Aspekte der Kunst des frühen 20. Jahrhunderts in sich vereinen. Ihre beliebtesten Motive waren bäuerliche Frauen und Kinder, Selbstbildnisse und Stilleben. Sie vertrat die Auffassung: „Die Stärke, mit der ein Gegenstand erfasst wird (Stilleben, Porträts oder Phantasiegebilde), das ist die Schönheit in der Kunst". In der Literatur wird sie zuweilen auch „Paula Modersohn" oder „Paula Becker-Modersohn" genannt.

Minna Hermine Paula Becker kam am 8. Februar 1876 in Dresden-Friedrichstadt (Sachsen) zur Welt. Sie war das dritte von sieben Kindern des Ingenieurs Carl Woldemar Becker (1841–1901) und dessen aus einer adeligen thüringischen Familie stammenden Frau Mathilde, geborene von Bültzingslöwen. Ihr Vater arbeitete als Bau- und Betriebsinspektor der Berlin-Dresdener-Eisenbahngesellschaft. Carl Woldemar Becker kannte Paris, Sankt Petersburg und London. Neben Russisch sprach er auch Französisch und Englisch. Der Vater von Mathilde von Bültzingsleben war im Ausland Kommandeur eines Truppenkontingents. Einige Brüder von

Mathilde sind nach Indonesien, Neuseeland und Australien ausgewandert.

Der Bruder von Carl Woldemar Becker und Onkel von Paula war Oskar Becker (1839–1868), der 1861 als Leipziger Student in Baden-Baden auf den damaligen preußischen König Wilhelm von Preußen (1797–1888) ein Attentat verübte. Der König erlitt dabei nur eine unbedeutende Verletzung am Hals. Oskar Becker wurde zu 20 Jahren Zuchthaus verurteilt, aber bereits im Oktober 1866 auf Fürsprache von König Wilhelm begnadigt.

Von den sieben Kindern der Familie Becker ist eines früh gestorben. Die anderen – drei Jungen und drei Mädchen – erhielten eine standesgemäße Erziehung. Der älteste Sohn Kurt studierte Medizin, der zweite wurde Kaufmann und der dritte Offizier bei der Handelsmarine.

Paula verbrachte die ersten zwölf Jahre ihres Lebens in Dresden-Friedrichstadt. Im Alter von zehn Jahren hatte sie 1886 ein schreckliches Erlebnis: Sie wurde in einer Sandgrube von Hosterwitz bei Dresden beim Spielen zusammen mit zwei Cousinen verschüttet. Bei diesem Unfall erstickte ihre elfjährige Cousine Cora Parizot unter den Sandmassen. Paula und ihre Cousine Maidli Parizot konnten rechtzeitig gerettet werden. Dieses Ereignis hat das Wesen von Paula stark geprägt.

In der Literatur wird das Elternhaus von Paula als liberal-bürgerlich, jedoch nicht als wohlhabend bezeichnet. Wie ihre Schwestern erhielt auch Paula Klavierunterricht. Ihre älteste Schwester hatte eine schöne Singstimme und bekam Gesangsunterricht. Außer Paula schätzten alle Familien-mitglieder den deutschen Komponisten Richard Wagner (1813–1883). Johann Wolfgang von Goethe (1749–1832) wurde in der Familie Becker als alles überragender Dichter betrachtet.

Nach der Verurteilung seines Bruders Oskar wegen des Attentats von 1861 verlor dessen Bruder Carl Woldemar Becker, also Paulas Vater, seine Beamtenstelle. 1888 zog die Familie von Paula in die Hansestadt Bremen, wo der Vater eine städtische Stelle als Baurat erhielt. Die Familie wohnte in einem Haus an der Schwachhauser Chaussee 23 (heute Schwachhauser Heerstraße). In Bremen besuchte Paula die private „Töchterbürgerschule Ida Janson" und bekam sie ihr erstes kleines Atelier. Dank Freundschaften ihrer Mutter bestand zu künstlerischen Kreisen in Bremen reger Kontakt. Im April 1892 reiste die 16-jährige Paula auf Wunsch ihrer Eltern nach England. Dort lebten eine Halbschwester ihres Vaters, nämlich ihre Tante Marie Hill, und ihr Onkel Charles Hill auf einem Landgut in Willey unweit von London. Paula sollte verschiedene Haushaltsarbeiten und die englische Sprache lernen. Unter anderem lernte sie, Butter zu machen und mit der Nähmaschine zu nähen.

Dank der Unterstützung ihres Onkels erhielt Paula ab Mitte Oktober 1892 Zeichenunterricht in der privaten „School of Arts" in London. Dort wurde sie täglich von zehn bis sechzehn Uhr im Zeichen unterrichtet. Damals reifte ihr Entschluss, Malerin zu werden. Der Kunstunterricht in London dauerte aber nicht lange. Denn nach den Weihnachtsferien 1892 weigerte sich Paula, nach England zurückzukehren. Sie hatte unter Heimweh gelitten und die autoritäre Führung von Tante Marie hatte ihr nicht behagt.

Der Berufswunsch, Malerin zu werden, stieß vor allem auf den Widerstand des Vaters von Paula. Er bezweifelte, dass sie eine „gottbegnadete Künstlerin ersten Ranges" werden könnte. Die Eltern zwangen Paula, sich von 1893 bis 1895 am „Lehrerinnenseminar Janson" in Bremen als Lehrerin ausbilden zu lassen. Damit folgte sie dem Beispiel ihrer ältesten

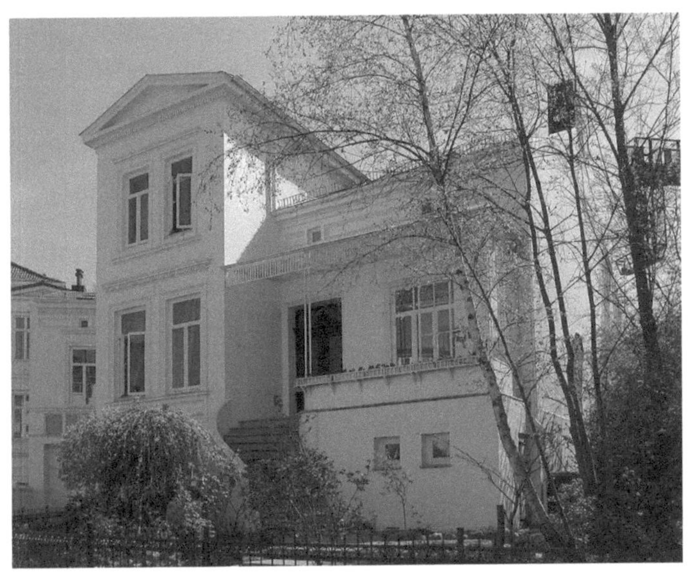

Paula-Becker-Haus
an der Schwachhauser Chaussee 23
(heute Schwachhauser Heerstraße)
in Bremen

Schwester Milly, die ebenfalls dieses Seminar besucht hatte.
Alle drei Töchter der Beckers – auch die Jüngste Herma –
wurden auf das Lehrerinnenseminar geschickt. Damals erhielt
Paula privaten Malunterricht. Dies war ein Entgegenkommen
ihres Vaters, weil Paula die Ausbildung zur Lehrerin ungern
begonnen hatte.

1893 unterrichtete der Oberbaudirektor Ludwig Franzius
(1832–1903), ein Freund ihres Vaters, Paula im Zeichnen und
der Bremer Maler Bernhardt Wiegandt (1851–1918) im Malen.
Erstmals konnte sie beim Malen nach einem lebenden Modell
arbeiten. In jener Zeit entstanden einige Porträts ihrer Ge-
schwister sowie 1893 ihr erstes Selbstporträt. Im September
1895 legte Paula ihr Lehrerinnenexamen ab, bemühte sich aber
anschließend um keine Gouvernantenstelle.

Im Frühjahr 1893 sah die 17-jährige Paula erstmals Bilder des
Worpsweder Künstlerkreises. Damals stellten Otto Modersohn
(1865–1943), Fritz Mackensen (1866–1953), Fritz Overbeck
(1869–1909), Hans am Ende (1864–1918) und Heinrich
Vogeler (1872–1942) in der „Kunsthalle Bremen" ihre
Gemälde aus. Besonders gut gefiel ihr ein Bild von Otto
Modersohn, der später in ihrem Leben eine wichtige Rolle
spielte. Sie war von den eigenartigen Farben sowie von der
Art und Weise, mit der er die Stimmung in der Heide einfing,
beeindruckt.

Ab April 1896 nahm Paula an einem sechswöchigen Kurs der
Zeichen- und Malschule des „Vereins der Berliner
Künstlerinnen und Kunstfreundinnen" von 1867 teil. An dieser
angesehenen Malschule hatte zuvor die Graphikerin und
Zeichnerin Käthe Kollwitz (1867–1945) ihre Ausbildung
begonnen. Als Frau hatte Paula keinen Zutritt zu einer
Kunstakademie. In Berlin wohnte sie bei ihrer Tante Paula
Rabe, geborene Bültzingslöwen. Im Sommer 1896 reiste sie

mit ihrer Tante Marie ins Allgäu und nach München. Danach setzte sie am 12. Oktober 1896 in Berlin ihre Malstudien fort. Ihre Mutter hatte eine Ermäßigung des Schulgeldes erreicht. Um die Kosten für den Malunterricht von Paula zu decken, nahm deren Mutter eine Pensionärin in ihr Haus auf. Eine Bleibe fand Paula in der Villa ihres Onkels Wulf von Bültzingslöwen und dessen Frau Cora.

Bei der Ausbildung in Berlin stand der Zeichenunterricht mit lebenden Modellen im Vordergrund. Nur wer das Zeichnen sicher beherrschte, wurde zu den Malklassen zugelassen. Damals schuf Paula etliche Aktzeichnungen, bei denen – laut Online-Lexikon „Wikipedia" das Lineare stark betont wurde und die deutliche Hell-Dunkel-Kontraste aufweisen.

1897 wurde Paula zur ersten Malklasse bei Jeanne Bauck (geboren 1840) zugelassen. In einem Brief an ihre Eltern beschrieb Paula das Äußere ihrer Lehrerin als ruppig-struppig, ihre Haare glichen gerupften Federn, ihre Figur sei groß, dick und ohne Korsett, ihre blau karierte Bluse sei hässlich. Leicht entsetzt berichtete Paula in einem anderen Brief, ihre Lehrerin bedaure es, dass die Schüler ihrer Klasse nicht nackend malen dürften, damit die Haut atmen könne. Bald imponierte ihr diese selbstbewusste Lehrerin, die Ende des Jahres von der Schulleitung gefeuert wurde.

In Berlin besuchte Paula oft Museen. Sie schätzte vor allem Künstler der deutschen und italienischen Renaissance wie Albrecht Dürer, Lucas Cranach, Hans Holbein der Ältere sowie Tizian, Botticelli und Leonardo da Vinci.

Zum Ausklang der Silberhochzeit ihrer Eltern am 11. Juli 1897 unternahm Paula mit den Gästen eine Fahrt in das Dorf Worpswede bei Bremen. Von der Landschaft und ihrem Farbenspiel, der Einsamkeit des Ortes und der Künstlerkolonie sehr beeindruckt äußerte sie den Wunsch, dort eine Zeitlang malen zu dürfen. In Worpswede hatten sich seit 1889 Künstler angesiedelt. Zu ihren Zielen zählten eine schlichte, unverfälschte Malerei in freier Natur und eine positive Darstellung der als ursprünglich und unverdorben empfundenen Bauernschaft.

Im Juli und August 1897 vor Beginn ihres Herbstsemesters in Berlin besuchte Paula mit ihrer Freundin und Berliner Studienkollegin, Paula Ritter, erneut Worpswede. Sie wanderte dort und lernte unter anderem die Maler Fritz Mackensen und Fritz Overbeck kennen. Nach dem ersten Worpsweder Sommer sagte sie glücklich über sich selbst: „Du lebst ja überhaupt, Du Glückliche, lebst intensiv, das heißt: Du malst."

Am 15. Oktober 1897 war Paula zum Herbstsemester wieder in Berlin. Im Januar 1898 erbte sie von ihren kinderlosen Tante Grete Becker 600 Mark. Ihr Vater erhielt von seinem Stiefbruder Arthur Becker als Geburtstagsgeschenk für die Ausbildung von Paula zwei bis drei Jahre lang monatlich 50 Mark. Dank dieser Unterstützung beschloss Paula nach Worpswede zu gehen. Anfangs war nur ein kurzer Ferienaufenthalt geplant. Mathilde Becker hatte vorgesehen, dass ihre Tochter einige Wochen bei Fritz Mackensen Mal- und Zeichenunterricht erhalten und dann im Herbst eine Aupair-Stelle in Paris antreten sollte.

Im Juli 1898 kehrte Paula nach dem Abschluss der Zeichen- und Malschule in Berlin nach Bremen zurück. Statt sich nur kurz in Worpswede aufzuhalten, blieb sie vom 7. September 1898 bis Dezember 1899 dort. Dank der Fürsprache ihres Vaters hatte sich Fritz Mackensen dazu bereit erklärt, Paula Mal- und Zeichenunterricht zu geben. Mackensen stellte fest, dass Paula „vollständig in den Anfängen steckte". Sie habe gleich tüchtig drauf los gemalt, obwohl ihr der feste Grund

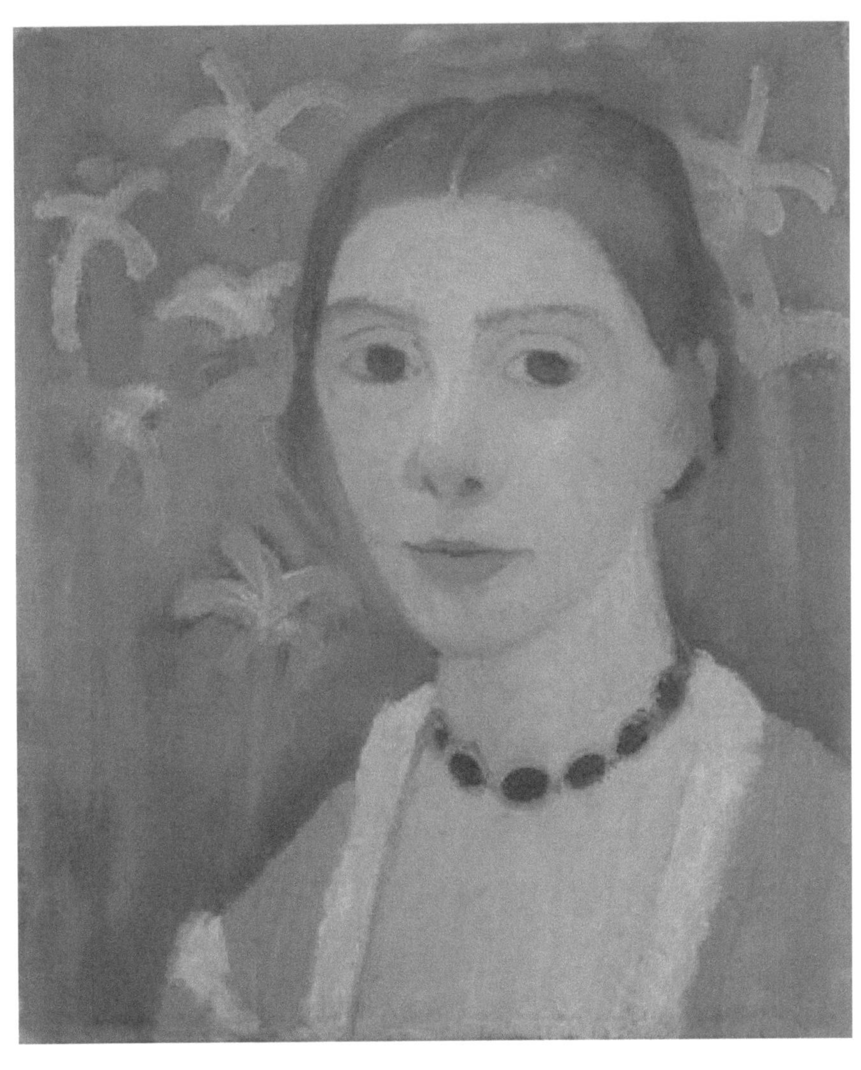

Paula Modersohn-Becker,
Selbstbildnis um 1905

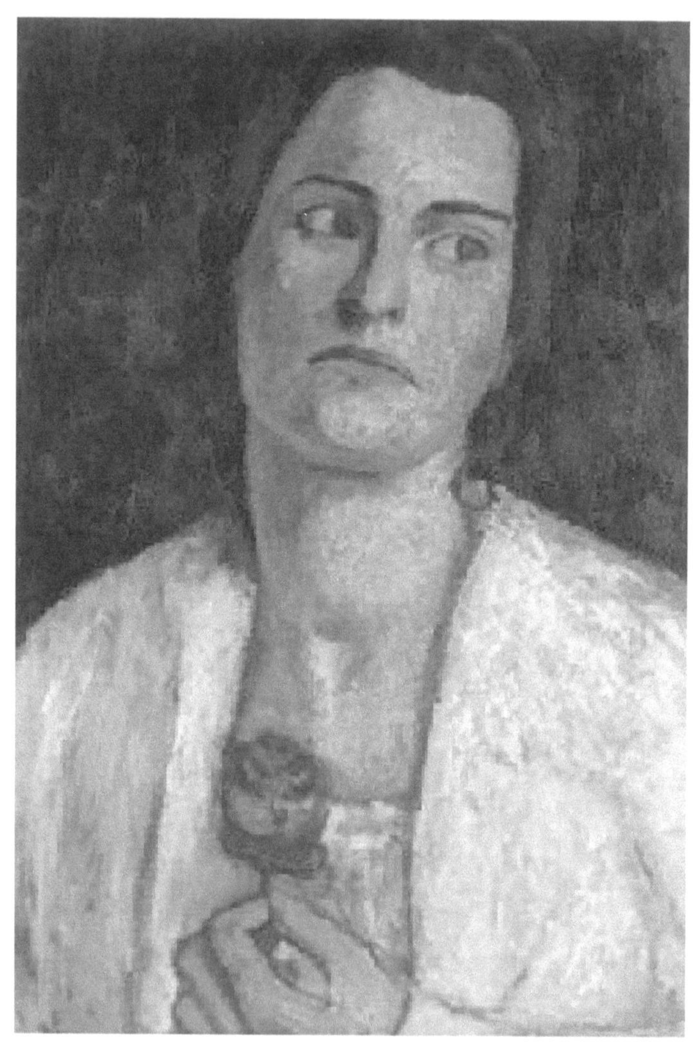

Clara Westhoff (1878–1954),
Gemälde von Paula Modersohn-Becker von 1905

für das Können, das Gefühl für das Organische und die Beherrschung der Form vollständig gefehlt habe.

Im Auftrag des Kölner Schokoladenproduzenten Ludwig Stollwerck (1857–1922) entwarf Paula ab etwa 1898 zusammen mit Otto Modersohn, Fritz Overbeck und Heinrich Vogeler Stollwerk-Bilder. Zu diesen Motiven gehörten unter anderem die Motive „Gänsejunge mit Flöte", „Bauernfrau mit zwei Gänsen" sowie Porträts von sechs Frauen mit Blumenranken. Mit dem Kunstunterricht von Fritz Mackensen war Paula nur anfangs zufrieden. Bereits Ende 1898 beschlich sie das Gefühl, dass er nicht der richtige Lehrer für sie sei. Bei ihrer zur Vereinfachung von Form und Farbe neigenden Kunst fand sie keine künstlerischen Anregungen.

In Worpswede freundete sich Paula mit der Bremer Kaufmannstochter Clara Westhoff (1878–1954) an, die Bildhauerin werden wollte und bei Mackensen Modellier- und Zeichenunterricht nahm. Clara hat bereits 1899 eine Büste ihrer Freundin Paula als Symbol ihrer Freundschaft und der gemeinsamen Leidenschaft für die Kunst angefertigt. Anfangs war das Verhältnis zwischen Paula und den Worpsweder Künstlern sehr zurückhaltend. Doch ab März 1899 wurde der Kontakt von Paula zum Ehepaar Modersohn sowie zu Heinrich Vogeler intensiver. Unter Anleitung von Vogeler schuf sie im Sommer 1899 einige Radierungen. Allerdings lag ihr das disziplinierte und farbarme graphische Arbeiten mit Druckplatte und Radiernadel nicht besonders.

Im Dezember 1899 stellten Paula Becker und ihre Kollegin Marie Bock (1867–1956) einige Aktzeichnungen und zwei Landschaftsbilder in der „Kunsthalle Bremen" aus. Darüber fällte der Bremer Kritiker Arthur Fitger (1840–1909) am 20. Dezember 1899 in der „Weser-Zeitung" ein vernichtendes Urteil: „Unsere heutigen Notizen müssen wir leider beginnen mit dem Ausdruck tiefen Bedauerns darüber, dass es so unqualifizierten Leistungen wie den so genannten Studien von Marie Bock und Paula Becker gelungen ist, den Weg in die Ausstellungsräume der Kunsthalle zu finden. Dass so etwas hat möglich sein können, ist sehr zu beklagen".

Über das Unverständnis ihrer Umwelt war die Künstlerin Paula Becker oft bedrückt. Wie wenig ihre Werke anfangs geschätzt wurden, zeigt auch eine Begebenheit um die Jahrhundertwende. Damals stiftete Paula eines ihrer Bilder für eine Tombola, und das Gemälde wurde zum Hauptgewinn bestimmt. Nach der Ziehung besichtigte der Hauptgewinner das Bild und fragte, ob er es nicht gegen den zweiten Preis, einen Teddybär, umtauschen könne.

In der Silvesternacht 1899 unternahm Paula Becker ihre erste Reise nach Paris, wo die Kunstszene aufgeschlossener und innovativer als in ihrer Heimat war. In der französischen Hauptstadt hielt sich ihre Freundin Clara Westhoff bereits seit Ende 1899 auf, weil sie hoffte, Schülerin des Bildhauers Auguste Rodin (1840–1917) zu werden.

1900 studierte Paula in Paris an der „Académie Colarossi", wo Courtois, Collin und Girandot ihre Lehrer waren. An dieser Akademie belegten Paula und der aus der Nähe von Bremen kommende Heinz Witte-Lenoir (1880–1961) Kurse im Aktzeichnen. Bei ihren Aufenthalten in Paris wurde Paula vor allem durch die Werke von Paul Cézanne (1839–1906), Odilon Redon (1840–1916) und Paul Sérusier (1864–1927) angeregt. Weil sie weiterhin die erwähnte Rente ihrer Verwandten erhielt, konnte sich Paula den Aufenthalt in Paris leisten. Sie wohnte in einem kleinen Zimmer im Ateliergebäude Nr. 9 in der Rue Campagne Première, das sie mit Möbeln vom Trödelmarkt und mit Kisten einrichtete. Wie in Berlin besuchte sie auch in Paris erneut Museen. Allein oder zusammen mit Clara

Westhoff ging sie zu Ausstellungen und Galerien, um französische Maler kennenzulernen. Beim Kunsthändler Ambroise Vollard (1865–1939) war sie tief beeindruckt von den Gemälden von Paul Cézanne, der damals noch ein völlig unbekannter Künstler war. Angeblich erkannte sie als erste deutsche Künstlerin die Größe und das Richtungsweisende dieses Malers. Cézanne war einer von den drei oder vier Malern, die auf sie wie ein Gewitter und ein großes Ereignis gewirkt haben, schrieb sie einige Jahre später in einem Brief an ihre Freundin Clara Westhoff.

Im Juni 1900 kamen das Ehepaar Overbeck und der Maler Otto Modersohn nach Paris, wo damals seit April jenes Jahres die große Jahrhundertausstellung stattfand. Paula kannte den elf Jahre älteren Modersohn bereits von ihrem ersten Aufenthalt in Worpswede und schätzte ihn sehr. Dessen gesundheitlich angeschlagene Ehefrau Helene Schröder war in Worpswede zurückgeblieben und am 14. Juni 1900 während der kurzen Zeit gestorben, die ihr Mann in Paris verbrachte. Modersohn und das Ehepaar Overbeck reisten überstürzt nach Deutschland zurück.

Zwei Wochen nach der Abreise von Otto Modersohn und der Overbecks kehrten Paula Becker und Clara Westhoff nach Worpswede zurück. Weil ihre geerbten 600 Mark verbraucht und die ausgesetzte Rente abgelaufen war, schlug der Vater vor, Paula solle sich eine Stelle als Gouvernante suchen. Dies hätte für sie bedeutet, die Malerei aufzugeben, weil sie ihre Kunst nicht nebenbei machen wollte. Doch ihre angegriffene Gesundheit erlaubte es nicht, gleich eine Arbeit aufzunehmen. Paula hatte sich in Paris überarbeitet und zudem aus Sparsamkeit so spartanisch gelebt, dass ihr der Arzt Ruhe verordnete. Daraufhin zog sich Paula nach Worpswede zurück, ruhte sich aus, malte und dachte über den Tod nach. Während sie sich von ihrem kräftezehrenden Paris-Aufenthalt erholte, leistete ihr der verwitwete Otto Modersohn gelegentlich Gesellschaft und ihre Beziehung wurde intensiver.

Für große Aufregung unter den Einwohnern von Worpswede sorgte ein Streich, den Paula Becker und Clara Westhoff am 26. August 1900 verübten: Sie läuteten nachts die Feuerglocken und schreckten die Worpsweder aus dem Schlaf. Als Wiedergutmachung mussten beide in der Kirche Malereien ausführen.

Am 12. September 1900 verlobte sich Paula Becker heimlich mit Otto Modersohn, dessen erste Frau Helene rund drei Monate zuvor gestorben war. In der Verlobungszeit lernte Paula den Dichter Rainer Marie Rilke (1875–1926) kennen, der als Gast von Heinrich Vogeler nach Worpswede gekommen war. Bei ihrem Verlobten kehrte damals Carl Hauptmann (1858–1921), der Bruder des Schriftstellers Gerhart Hauptmann (1862–1946), ein. Paula Becker und Clara Westhoff wirkten auf Rilke wie Schwestern. Er bezeichnete die beiden Freundinnen in seinen Tagebüchern als „die blonde Malerin" und die „Dunkle", um die immer Handlung, Bewegung und Erzählung war. Clara wurde wenig später seine Ehefrau.

Auf Druck ihrer Eltern besuchte Paula während ihrer Verlobungszeit in Berlin einen Kochkurs, den sie aber bald wieder abbrach. Als Begründung erwähnte sie in einem Brief vom 8. März 1901: „Es ist gut, sich aus Verhältnissen zu lösen, die einem die Luft nehmen."

Zu Pfingsten am 25. Mai 1901 heirateten Otto Modersohn und Paula Becker. Die Hochzeit wurde wegen der Krankheit ihres Vaters in der elterlichen Wohnung in Bremen geschlossen. Der Bruder des Bräutigams, Pastor Ernst Modersohn, nahm die Trauung vor. Die Hochzeitsreise ging nach München, Prag,

Berlin und ins Riesengebirge. In Schreberhau war das Paar bei den Brüdern Carl Hauptmann und Gerhart Hauptmann zu Gast. Im Dezember 1901 starb der Vater.

Als frischgebackene Ehefrau versuchte Paula Modersohn-Becker, ihre Pflichten als Ehe- und Hausfrau sowie Stiefmutter ihrer dreijährigen Stieftochter Elsbeth mit ihren künstlerischen Ambitionen zu vereinen. Eine kleine Klause auf dem Hof des Bauern Brünjes diente ihr als Atelier. Ihr Mann ließ Oberlichter in das Dach einbauen, damit sie das Gebäude nutzen konnte. Sie hatte ein Dienstmädchen, malte von neun bis 13 Uhr in ihrem Atelier, kehrte dann zum Essen heim und ging anschließend in das Atelier zurück, wo sie oft bis abends um 19 Uhr blieb. Für ihre Stieftochter Elsbeth wollte sie eine gute und fürsorgende Mutter sein. Elsbeth diente ihr als Modell für etliche Kinderbilder. Beispielsweise für die Motive „Mädchen im Garten" (1901/1902) und „Kopf eines kleinen Mädchens" (um 1902).

Otto Modersohn empfand die ersten drei Jahre seiner Ehe mit Paula als sehr glücklich und schätzte sie als richtungsweisende Künstlerin. Am 15. Juni 1902 schrieb er in sein Tagebuch: „Unser Verhältnis ist zu schön, schöner als ich je gedacht, ich bin wahrhaft glücklich, sie ist eine echte Künstlerin, wie es wenige gibt in der Welt, sie hat etwas ganz Seltenes ... Keiner kennt sie, keiner schätzt sie – das wird aber anders werden."

Eigentlich hätte auch Paula sehr glücklich sein müssen. Durch ihre Heirat war sie nicht gezwungen, einen ungeliebten Beruf wie den einer Gouvernante ausüben zu müssen, um für ihren Lebensunterhalt zu sorgen. Vom Verkauf ihrer Bilder hätte sie nicht leben können. Während ihres Lebens hat sie nur insgesamt etwa fünf Bilder verkauft. Doch Paula schrieb am 13. April 1902: „Es ist meine Erfahrung, dass die Ehe nicht glücklicher macht. Sie nimmt die Illusion, die vorher das ganze Wesen trug, daß es eine Schwesternseele gäbe. Man fühlt in der Ehe doppelt das Unverstandensein, weil das ganze frühere Leben darauf hinausging, ein Wesen zu finden, das versteht ... Dies schreibe ich in mein Küchenhaushaltsbuch am Ostersonntag 1902, sitze in meiner Küche und koche Kalbsbraten."

Anders als ihr Ehemann, der die Stille und Zurückgezogenheit von Worpswede brauchte, um sich künstlerisch zu betätigen, schätzte Paula den Kontakt und die Abwechslung. Dies hat ihr Gatte später wohl erkannt. Er schrieb: „Paula kann einfach nicht so schlicht, nüchtern leben. Solch anregendes Leben ist ihr wie der Blume die Sonne notwendig – sie verkümmert, verbittert sonst ..."

1903 bat Paula Moldersohn-Becker ihren Ehemann, zwei Monate lang nach Paris zurückkehren zu dürfen und dieser willigte ein. Paula hielt sich im Februar und März 1903 in Paris auf. Dort traf sich Paula oft mit Rainer Maria Rilke und dessen Ehefrau Clara Westhoff, empfand aber die wachsenden Spannungen zwischen den Beiden als belastend.

Damals besuchte Paula auch das Atelier und den Pavillon des Bildhauers Auguste Rodin in Meudon bei Paris. Einen großen Teil ihrer Zeit in Paris verbrachte Paula im Louvre, wo sie nach antiken und ägyptischen Vorbildern zeichnete. Damals entstanden Selbstporträts, an denen man erkennen kann, wie sehr sie sich mit den Mumienporträts aus dem ober-ägyptischen Fayum befasste. Intensiv setzte sie sich auch mit japanischen Farbholzschnitten auseinander, die den Jugendstil prägten.

Mit zahlreichen künstlerischen Anregungen kehrte Paula im März 1903 zu ihrem Ehemann und ihrer Stieftochter nach Worpswede zurück. Zuhause kündigte sie ihrem Ehemann an, dass sie immer wieder eine Zeit lang nach Paris zurückkehren wolle.

Der Aufenthalt in der französischen Hauptstadt hatte Paula aber auch ihre Verbundenheit mit ihrem Gatten und ihrer Stieftochter bewusst gemacht. Nun wünschte sie sich ein leibliches Kind und bedauerte sehr, dass sie noch keines bekommen hatte. Unter ihren bis Ende 1904 entstandenen etwa 130 Gemälden befanden sich neben Stilleben viele Kinderporträts und Darstellungen von Säuglingen und Kleinkindern, die sie im Gegensatz zu früher ohne ihre Mütter darstellte.

Otto Modersohn gefiel nicht immer alles, was Paula malte. Am 26. September 1903 schrieb er in sein Tagebuch: „Sie haßt das Conventionelle und fällt nun in den Fehler alles lieber eckig, hässlich, bizarr, hölzern zu machen. Die Farbe ist famos, aber die Form? Der Ausdruck! Hände wie Löffel, Nasen wie Kolben, Münder wie Wunden. Ausdruck wie Cretins. Sie ladet sich zuviel auf. 2 Köpfe, 4 Hände auf kleinster Fläche, unter dem tut sies nicht und dazu Kinder. Rath kann man ihr schwer geben, wie meistens." Doch Paula nahm sich diese Kritik zu Herzen und zerschnitt offenbar das kritisierte Bild in mindestens drei Teile.

Obwohl es Otto Modersohn schwer fiel, erfüllte er 1905 den erneuten Wunsch seiner Ehefrau zu einer Reise nach Paris. Am 14. Februar 1905 fuhr Paula nach Paris, um dort mit ihrer Schwester Herma Becker unbeschwerte Tage zu erleben. Wiederholt bat sie ihren Ehemann, sich ihnen anzuschließen. Erneut belegte sie Kurse im Zeichnen, stellte aber zunehmend fest, dass sie mittlerweile eine eigene malerische Sprache entwickelt hatte.

Eines Tages erfüllte Otto Modersohn doch den Wunsch seiner Frau und folgte nach Paris. Allerdings kam er in Begleitung von Milly Becker, Martha und Heinrich Vogeler und dessen Schwester Marie, obwohl ihm seine Ehefrau angedeutet hatte, sie wolle gerne mit ihm allein Paris erleben. Gemeinsam besuchten sie Kunstausstellungen. Otto Modersohn konnte aber das Pariser Leben damals nicht besonders genießen, weil kurz zuvor am 8. März 1905 seine Mutter gestorben war. Paula war enttäuscht, weil ihr Gatte ihr die letzte Woche in Paris „recht verdorben" hatte. Später schrieb sie am 21. April 1905 ihrer Schwester Herma: „Er bildete sich ein, ich bliebe am liebsten in Paris und hielte von Worpswede nichts mehr".

Von Februar bis April 1905 folgte ein dritter Aufenthalt von Paula in Paris, wo weiterhin ihre Schwester Herma wohnte. Dabei wurde sie angeregt, sich mehr dem Stilleben zuzuwenden. Vor 1905 schuf sie nur zehn Stilleben, von 1905 bis 1907 dagegen annähernd 50. In diesen Stilleben führte sie die abgebildeten Gegenstände immer stärker auf ihre Grundformen zurück. Kreis, Ellipse und Trapez. Otto Modersohn lobte am 20. Dezember 1905 in seinem Tagebuch die meisterlichen Stilleben und Skizzen von Paula als das kühnste und beste an Farbe, was je in Worpswede gemalt wurde.

In Paula reifte allmählich der Wunsch, für immer nach Paris zu gehen. Diesen Wunsch vertraute sie ihrer Freundin Clara Westhoff, die von Rilke getrennt in Worpswede lebte, sowie ihrer Mutter an. Der Mutter gestand sie in Briefen, bereits Geld für dieses Vorhaben zu sparen. Als Rilke im Dezember 1905 nach Worpswede kam, um dort mit Frau und Kind Weihnachten zu feiern, weihte Paula auch ihn in ihre Pläne ein. Rilke ermutigte Paula, Worpswede und somit auch ihren Ehemann zu verlassen und kaufte ihr das Gemälde „Säugling mit der Hand der Mutter" ab, um sie finanziell zu unterstützen. Später empfahl er ihr auch, sie solle ihre Gemälde in Pariser

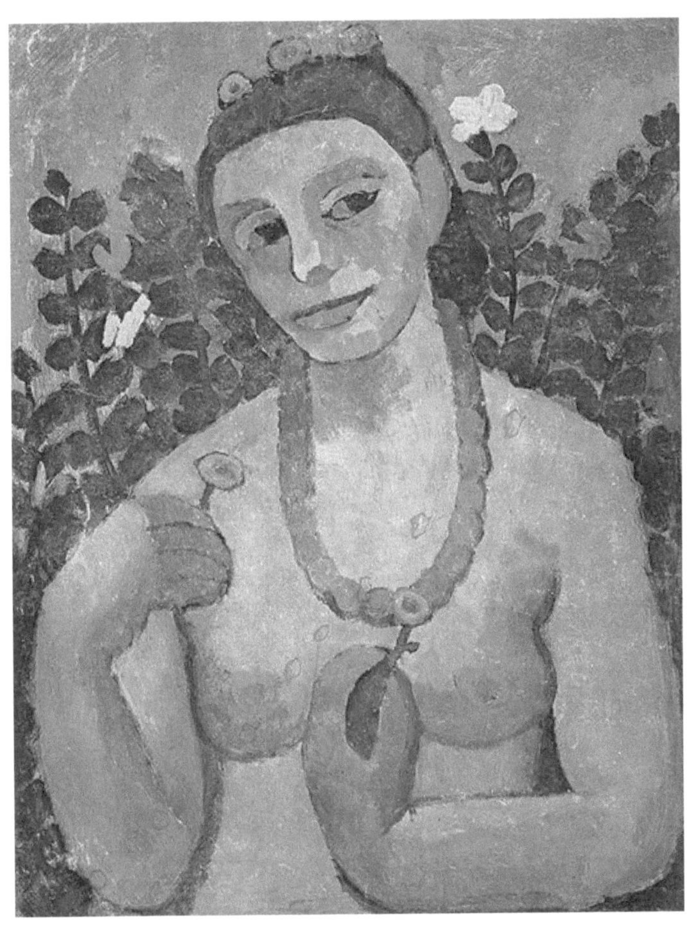

*Selbstbildnis von Paula Modersohn-Becker
in einem ganzen Akt von 1906,
Original in der Sammlung Ludwig Roselius, Bremen*

Ausstellungen zeigen. Doch Paula, die nur sehr ungern anderen ihren Bilder zeigte, folgte diesem Ratschlag nicht. Sie glaubte, künstlerisch noch nicht so weit zu sein.

Am 23. Februar 1906 verließ Paula Worpswede. In ihr Tagebuch schrieb sie, dass sie damit auch Otto Modersohn verlassen habe. Ihr Ehemann war von diesem Schritt sehr überrascht. Mit Briefen bat er Paula, wieder zu ihm zurückzukehren. Paula dagegen bat ihn, er solle sich mit dem Gedanken vertraut machen, dass sie fortan getrennte Lebenswege gehen würden. Durch eine im „Salon des Indépendants" in Paris gezeigte Plastik wurde Paula auf den deutschen Bildhauer und Baumeister Bernhard Hoetger (1874–1949) aufmerksam und besuchte ihn am 2. Mai 1906 in dessen Atelier. Nur durch eine zufällige Bemerkung erfuhr Hoetger, dass Paula Malerin war. Zwei Tage später stattete Hoettger einen Gegenbesuch im Atelier von Paula ab und war von ihren Gemälden begeistert. Seine anerkennenden Worte über Paulas Arbeiten „Es sind alles große Werke" lösten intensive Aktivitäten aus. Es folgte eine Zeit, in der zahlreiche Mutter-Kind-Bilder, Aktbilder, Selbstbildnisse und Stilleben entstanden. Darunter befand sich ein bis dahin in der Kunstgeschichte nicht nachweisbarer Bildtypus: ein Selbstbildnis in einem ganzen Akt. Von 1906 bis 1907 schuf Paula schätzungsweise insgesamt 90 Gemälde.

Im Juni 1906 kam Otto Modersohn für eine Woche zu einer Aussprache mit Paula nach Paris. Diese Unterredung zwischen den Eheleuten blieb jedoch erfolglos. Otto Moderson unterstützte seine von ihm lebende Ehefrau weiterhin finanziell. Ihre eigene Familie warf Paula Egoismus vor.

Am 3. September 1906 bat Paula ihren Ehemann brieflich, er solle in die Scheidung einwilligen und ihr noch einmal 500 Mark geben. Danach wolle sie allein für ihren Lebensunter-

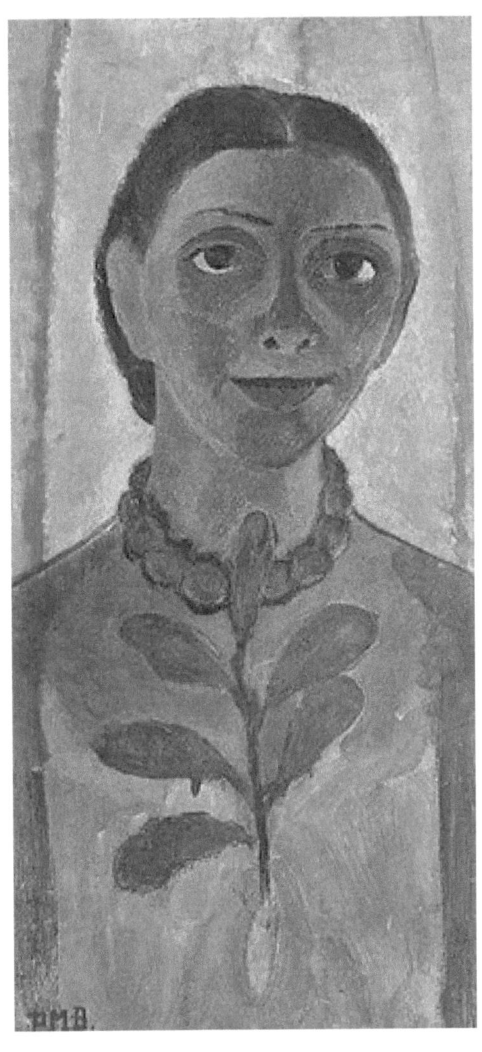

Paula Modersohn-Becker,
Selbstbildnis mit Kamelienzweig von 1907,
Original im Museum Folkwang, Essen

halt aufkommen. Doch Bernhard Hoetger warnte Paula eindringlich, sie sei kaum im Stande, allein für ihren Lebensunterhalt aufzukommen, und riet ihr, sie solle sich nicht von ihrem Gatten trennen. Dies führte einen völligen Sinneswandel herbei. In einem weiteren Brief vom 9. September 1906 bat Paula ihren Ehemann, er solle nach Paris kommen, damit sie beide versuchen könnten, wieder zueinander zu finden.

Im Oktober 1906 kam Otto Modersohn nach Paris, vereinbarte mit seiner Frau eine Probezeit und verbrachte den Winter mit ihr in der französischen Hauptstadt. Modersohn zog in derselben Straße wie Paula in ein Atelier. Beide trafen sich oft mit Hoetger, besuchten Museen und Kunsthandlungen und erkundeten die wunderbare Stadt Paris. Paula malte sehr viel und abends kam ihr Mann zu ihr ins Atelier. Bald verstanden sich die Beiden wieder gut.

Im März 1907 kehrte das Ehepaar nach Worpswede zurück. Paula war nun schwanger und litt darunter, dass sie deswegen nicht mehr wie früher viele Stunden am Tag malen konnte. Eines der letzten Bilder, das sie schuf, war das Motiv „Alte Armenhäuslerin im Garten". Es zeigt eine alte Frau, die, umgeben von einem Feld mit wildem Mohn, in den im Schoß zusammengelegten Händen einen Fingerhutstängel hält. Diesem Bild folgte ihr letztes Selbstbildnis, das so genannte „Selbstbildnis mit Kamelienzweig". Damals träumte Paula viel von Italien, das sie nie gesehen hatte, von Akten im Freien und von großfigurigen Bildern.

Am 2. November 1907 brachte Paula Modersohn-Becker nach einer schwierigen Geburt ihre Tochter Mathilde („Tille") zur Welt. Ihr Arzt verordnete ihr Bettruhe. Am 20. November 1907 durfte Paula erstmals aufstehen, worauf eine Lungen-

embolie einsetzte, an der sie im Alter von nur 31 Jah-ren in
Worpswede starb. Ihre letzten Worte waren „Wie schade“.

Noch kurz vor ihrem Tod hatte die Künstlerin geglaubt, sie
habe ihr Werk erst begonnen. Ein halbes Jahr nach ihrem
Ableben sagte ihr Mann über sie: „Paula wächst immer mehr,
sie steht als eine der größten Malerinnen da, das wusste und
ahnte ich lange ... das kommt immer mehr zutage, je mehr
man sie im ganzen überschaut ...“

1908 arrangierte der Kunsthistoriker Gustav Pauli (1866–1938)
die erste Gedächtnisausstellung für Paula Modersohn-Becker.
Erst durch diese Schau wurde die Bedeutung ihres Werkes
erstmals für viele sichtbar. Ihr Witwer Otto Modersohn und
ihr ehemaliger Künstlerkollege Heinrich Vogeler zeigten in
Jahren nach ihrem Tod ihre Werke in mehreren Ausstellungen.
1909 schloss Paulas Witwer seine dritte Ehe mit der Malerin
Louise Breling (1883–1950).

Bernhard Hoetger, der Paula in den letzten Jahren ihres Lebens
verständnisvoll gefördert hatte, errichtete im Auftrag des Bremer Kaufmanns und Kunstsammlers Ludwig Roselius (1874–
1943) das am 2. Juni 1927 eröffnete „Paula-Becker-Modersohn-
Haus“ in Bremen. Bei der Namensnennung wurde der Ge-
burtsname von Paula vorangestellt. Dieses Museum bewahrt
wohl die umfangreichste Kollektion ihrer Werke für die Öffent-
lichkeit auf. 1978 gründete Tille Modersohn (1907–1998) die
nach ihrer Mutter benannte Paula-Modersohn-Becker-Stiftung.
An Paul Modersohn-Becker erinnern das Original einer Büste
in der Sammlung der Kunsthalle Bremen und ein Abguss
davon in den Bremer Wallanlagen, ein Grabdenkmal von
Berhard Hoetger auf dem Worpsweder Friedhof und der
Paula-Modersohn-Becker-Steig in Bremen. Die „Deutsche
Bundespost“ widmete ihr 1988 eine Briefmarke in der
Dauerserie „Frauen in der deutschen Geschichte“.

Literatur

BEUYS, Barbara: Paula Modersohn-Becker oder. wenn die Kunst das Leben ist, München 2007
BOHLMANN-MODERSOHN, Marina: Paula und Otto Modersohn, Reinbek 2003
FEMBIO http://www.fembio.org
GREER, Germaine: Das unterdrückte Talent. Die Rolle der Frauen in der bildenden Kunst, Berlin 1980
KEUTHEN, Monika: „... und ich male doch!" Paula Modersohn-Becker, München 1999
MURKEN, Christa: Paula Modersohn-Becker, Köln 2007
MURKEN-ALTROGGE, Christa: Paula Modersohn-Becker, Köln 1991
PROBST, Ernst: Superfrauen 8 – Malerei und Fotografie, Mainz-Kostheim 2001
REINKEN, Liselotte von: Paula Modersohn-Becker mit Selbstzeugnissen und Bilddokumenten, Reinbek 1983
STAMM, Rainer: Ein kurzes intensives Fest. Paula Modersohn-Becker. Eine Biographie, Stuttgart 2007
TEUMER, Jürgen: Auf Paulas Spuren. Paula Modersohn-Becker in Worpswede 1897–1907, Bremen 2007
UECKERT, Charlotte: Paula Modersohn-Becker, Reinbek 2007
WIKIPEDIA (Online-Lexikon) http://wikipedia.org

Bildquellen

Klaus Benz, Mainz-Laubenheim: 30

Reproduktion eines Fotos von 1895: 4

Reproduktion eines Gemäldes von Paula Modersohn-Becker (1876–1907) von 1905: 13

Reproduktionen von Selbstbildnissen von Paula Modersohn-Becker (1876–1907): 12, 22, 24

WIKIPEDIA (Online-Lexikon) http://wikipedia.org User Jürgen Howaldt: 8

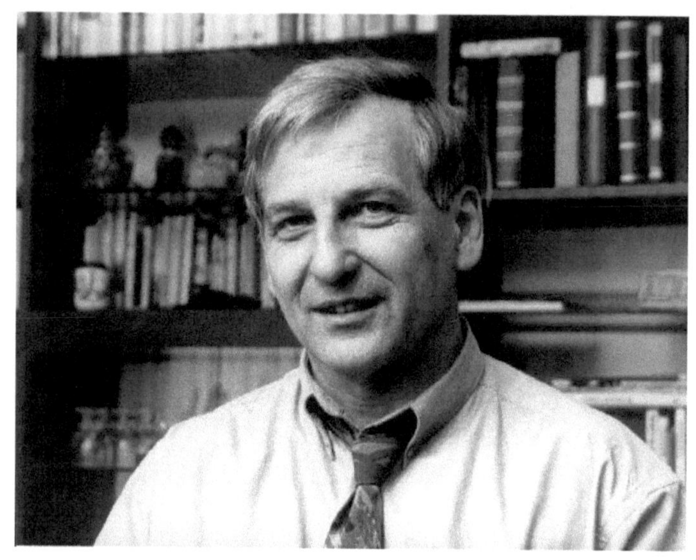

Autor Ernst Probst

Der Autor

Ernst Probst, geboren am 20. Januar 1946 in Neunburg vorm Wald im bayerischen Regierungsbezirk Oberpfalz, ist Journalist und Wissenschaftsautor. Er arbeitete von 1968 bis 1971 als Redakteur bei den „Nürnberger Nachrichten", von 1971 bis 1973 in der Zentralredaktion des „Ring Nordbayerischer Tageszeitungen" in Bayreuth und von 1973 bis 2001 bei der „Allgemeinen Zeitung", Mainz. In seiner Freizeit schrieb er Artikel für die „Frankfurter Allgemeine Zeitung", „Süddeutsche Zeitung", „Die Welt", „Frankfurter Rundschau", „Neue Zürcher Zeitung", „Tages-Anzeiger", Zürich, „Salz-burger Nachrichten", „Die Zeit", „Rheinischer Merkur", „Deutsches Allgemeines Sonntagsblatt", „bild der wissenschaft", „kosmos", „Deutsche Presse-Agentur" (dpa), „Associated Press" (AP) und den „Deutschen Forschungsdienst" (df). Aus seiner Feder stammen die Bücher „Deutschland in der Urzeit" (1986), „Deutschland in der Steinzeit" (1991), „Rekorde der Urzeit" (1992), „Dinosaurier in Deutschland" (1993 zusammen mit Raymund Windolf) und „Deutschland in der Bronzezeit" (1996). Von 2001 bis 2006 betätigte sich Ernst Probst als Buchverleger sowie zeitweise als internationaler Fossilienhändler und Antiquitätenhändler. Insgesamt veröffentlichte er mehr als 100 Bücher, Taschenbücher, Broschüren, Museumsführer und E-Books.

Bücher von Ernst Probst

Superfrauen 1 – Geschichte
Superfrauen 2 – Religion
Superfrauen 3 – Politik
Superfrauen 4 – Wirtschaft und Verkehr
Superfrauen 5 – Wissenschaft
Superfrauen 6 – Medizin
Superfrauen 7 – Film und Theater
Superfrauen 8 – Literatur
Superfrauen 9 – Malerei und Fotografie
Superfrauen 10 – Musik und Tanz
Superfrauen 11 – Feminismus und Familie
Superfrauen 12 – Sport
Superfrauen 13 – Mode und Kosmetik
Superfrauen 14 – Medien und Astrologie

Superfrauen aus dem Wilden Westen

Königinnen der Lüfte von A bis Z
Königinnen der Lüfte in Deutschland
Königinnen der Lüfte in Frankreich
Königinnen der Lüfte in England, Australien
und Neuseeland
Königinnen der Lüfte in Europa
Königinnen der Lüfte in Amerika

Königinnen des Tanzes
Elisabeth I. Tudor. Die jungfräuliche Königin
Maria Stuart. Schottlands tragische Königin

Christl-Marie Schultes. Die erste Fliegerin
in Bayern (zusammen mit Theo Lederer)
Drei Königinnen der Lüfte in Bayern.
Thea Knorr – Christl-Marie Schultes – Lisl Schwab
(zusammen mit Josef Eimannsberger)
Liesel Bach. Deutschlands
erfolgreichste Kunstfliegerin
Melli Beese. Die erste Deutsche
mit Pilotenlizenz
Elly Beinhorn. Deutschlands Meisterfliegerin
Marga von Etzdorf. Die tragische
deutsche Fliegerin
Thea Knorr. Eine frühe Fliegerin
in München
Angelika Machinek. Eine Segelfliegerin
der Weltklasse
Hanna Reitsch. Die Pilotin der Weltklasse
Lisl Schwab. Eine Kunstfliegerin
aus den 1930-er Jahren
Melitta Gräfin Schenk von Stauffenberg.
Deutsche Heldin mit Gewissensbissen
Beate Uhse. Deutschlands
erste Stuntpilotin

Monstern auf der Spur. Wie die Sagen über Drachen,
Riesen und Einhörner entstanden
Affenmenschen. Von Bigfoot bis zum Yeti
Seeungeheuer. Von Nessie
bis zum Zuiyo-maru-Monster

Der Schwarze Peter. Ein Räuber im Hunsrück
und Odenwald
Julchen Blasius. Die Räuberbraut
des Schinderhannes
Hildegard von Bingen. Die deutsche Prophetin
Johann Jakob Kaup. Der große Naturforscher
aus Darmstadt

Der Ball ist ein Sauhund. Weisheiten und Torheiten
über Fußball (zusammen mit Doris Probst)
Worte sind wie Waffen. Weisheiten und Torheiten
über die Medien (zusammen mit Doris Probst)
Schweigen ist nicht immer Gold. Zitate von A bis Z

Bestellungen bei: http://www.grin.com